# 존리와
# 함께 떠나는
# 부자 여행 ❸

## 펀드가 뭐예요?

# 존리와 함께 떠나는 부자 여행 3
## 펀드가 뭐예요?

초판 1쇄 인쇄 · 2022년 6월 17일
초판 1쇄 발행 · 2022년 6월 30일

지은이 · 존리
그린이 · 동방광석
펴낸이 · 이종문(李從聞)
펴낸곳 · 국일증권경제연구소

등　록 · 제406-2005-000029호
주　소 · 경기도 파주시 광인사길 121 파주출판문화정보산업단지(문발동)
　　　　서울시 중구 장충단로8가길 2(장충동1가, 2층)
영업부 · Tel 031)955-6050 | Fax 031)955-6051
편집부 · Tel 031)955-6070 | Fax 031)955-6071

평생전화번호 · 0502-237-9101~3

홈페이지 · www.ekugil.com
블 로 그 · blog.naver.com/kugilmedia
페이스북 · www.facebook.com/kugilmedia
E - m a i l · kugil@ekugil.com

ISBN 978-89-5782-210-4(14320)
　　　978-89-5782-187-9(세트)

# 존리와 함께 떠나는 부자여행

존리 글 | 동방광석 그림

**3권 펀드가 뭐예요?**

국일 증권경제연구소

# 차 례

# 등장인물

## 존리

민영, 율, 지수, 지우에게 어려움이 있을 때마다 같이 고민하며 조언을 아끼지 않는 친구같은 멘토. 공원 옆의 작은 도서관에서 사서로 일하고 있다. 주식, 창업, 펀드, 채권 등의 분야에 매우 깊고 풍부한 지식을 갖고 있다. 반토막이 된 주식 때문에 낙심하는 민영이에게 펀드를 권하며 펀드 투자의 가치와 올바른 투자 방법 등을 자세히 설명해 준다.

## 준

국일자산운용에 다니는 유능한 펀드매니저다. 아르바이트를 하면서 공무원 시험을 준비하는 민영이에게 도움을 주고 싶다는 마음으로 다가서다가 호감을 느끼게 된다. 공통점도 있고 관심분야가 비슷한 두 사람은 점점 더 가까워진다. 민영이에게 펀드에 대해서 친절하게 설명해 주고 펀드 투자를 할 수 있도록 돕는다.

## 민영 엄마

어릴 때부터 민영이를 수많은 학원에 보내며 공부시켰다. 민영이에 대한 기대가 남다르다. 하지만 민영이의 꿈이 뭔지는 생각지 않고 공무원이 제일이라며 공무원이 되도록 강요와 압박을 가한다. 민영이가 스트레스 때문에 쓰러지고 공무원 시험에 대한 압박으로 힘들어한다는 것을 알고 자신의 행동을 후회한다. 민영이의 있는 그대로의 모습을 응원하게 된다.

## 동아리 대표

펀드를 알고 싶어하는 사람들이 모여 펀드에 대해 배우기도 하고 올바른 투자에 대해 의견을 나누기도 하는 펀드 학습 동아리의 대표. 처음 펀드 동아리의 문을 두드린 신입회원 민영이가 동아리에 잘 적응할 수 있도록 도와준다. 민영이가 펀드에 대해서 궁금해 하는 것을 알기 쉽게 잘 설명해 준다.

## 민영

어릴 때부터 공무원이 되겠다는 꿈을 갖고 그 꿈을 이루기 위해 열심히 나아가고 있다. 하지만 그 꿈은 멀고 험난하며 번번이 시험에 떨어지고 만다. 그래도 중간에 포기할 수 없어서 여러 가지 아르바이트를 하면서 공부하고 도전한다. 왜 공무원이 되려고 하느냐의 존리의 질문에 대한 답을 구하기 위해 고민하다가 그 답을 찾고 확고한 꿈을 정립한다.

## 율이

민영이의 둘도 없는 친구다. 어릴 때부터 많은 시간을 함께 보낸 사이로 그 누구보다 민영이에 대해 잘 알고 있다. 그러던 어느 날, 민영이의 옆에 낯선 누군가가 있는 것을 발견한다. 바로 준이다. 준이 나쁜 의도를 갖고 민영이에게 접근한 것은 아닌지 의심하며 준과 맞선다. 그 과정에서 민영이에 대한 자신의 감정을 깨닫게 된다.

## 지수

친구들 중에서 가장 먼저 취업에 성공하여 회사를 다니고 있다. 취업이라는 큰 관문을 통과하면 모든 일이 잘될 것만 같았지만 실제로는 업무 스트레스로 힘든 시간을 보내고 있다. 또한 친구들이 방황을 하면서도 자신의 길을 찾아가는 것을 보며 '나는 과연 나의 길을 제대로 가고 있는 것인가?' 하고 자신을 돌아보고 고민한다.

## 지우

지수의 남동생으로 어릴 때부터 돈을 벌어 부자가 되는 것이 인생 목표였다. 자신의 인생 목표에 따라 대학교에 진학하지 않고 인테리어 회사에 취업하여 업무를 배웠다. 그 뒤 창업을 향한 열정으로 어린 나이에 '지우의 세상'을 창업했다. 언제나 즐거운 마음으로 열정적으로 일하며 꿈을 이루어가고 '지우의 세상'도 안정적인 궤도에 접어들고 있다.

# 프롤로그

내가 다시 대한민국의 땅을 밟은 지 어느새 8년을 넘어섰다. 그동안 나는 '경제 독립'이라고 쓴 버스를 타고 대한민국 방방곡곡을 누볐다. 주식 전도사가 되어 수많은 사람을 찾아다니며 주식 투자에 대하여 널리 알렸다. 그것도 여행이라면 여행이다.

그 뒤 나는 《존리와 함께 떠나는 부자 여행》 시리즈로 특별한 여행을 떠났다. 혼자 하는 여행이 아니라 주식이 무엇인지 모르는 사람들과 함께, 취업만이 답인 것인지 혼란스러워하며 방황하는 사람들과 더불어 떠난 여행이다. 《존리와 함께 떠나는 부자 여행》 시리즈가 어느덧 3권으로 접어들었다.

3권 《펀드가 뭐예요?》는 주식과 창업에서 한 걸음 더 나아가 펀드에 대한 이야기다. 공무원 시험에 도전하지만 매번 떨어지고 용돈도 넉넉하지 않아 용돈의 부족함을 채우기 위해 시작한 주식이 반토막 나면서 패닉에 빠진 민영이가 펀드에 대해 알아가는 이야기다. 어쩌면 민영이는 우리 시대의 보편적인 청년의 모습일 수도 있다. 경제적 독립을 위해 애쓰는 우리 모두의 모습일 수도 있다.

이제 나는 펀드 전도사가 되어 《펀드가 뭐예요?》의 여행을 시작하려고 한다. 펀드는 투자를 전문적으로 하는 기관이 불특정 다수의 사람들로부터 돈을 모아 투자한 다음, 그 수익을 가입자들에게 돌려주는 투자 방식이다. 이러한 펀드는 주식이 부담스럽고 창업이 어려운 청년들에게 또 다른 길을 열어줄 것이다. 주식 투자, 창업에 이어 우리 모두의 희망이 될 것이다. 3권의 여행을 통해 더 많은 사람이 펀드 투자의 가치와 올바른 투자 방법을 알기를 바라는 마음이다.

'어떻게 하면 부자가 될 수 있을까?' 이 물음에 대한 해답은 《존리와 함께 떠나는 부자 여행》에서 찾을 수 있다. 딱딱한 이론서나 개론서가 아니라 만화로 떠나는 여행이기에 더욱더 쉽고 재미있게 알게 될 것이다.

나는 한결같은 마음으로 우리나라의 청년들이 부자가 되기를 바란다. 우리나라의 모든 사람이 경제 독립을 하는 그날까지 존리와 함께 떠나는 부자 여행은 계속될 것이다. 대한민국의 수많은 청년이 세상을 조금씩이라도 바꾸어 나가는 선한 부자가 될 때까지 이 여행을 멈추지 않을 것이다.

2022년 여름 북촌에서

존 리

# 1장 반토막이 된 주식
- 나에게 맞는 투자 방법은?

어? 커피가 없네.

이 어둠의 시간은 언제쯤 끝날까? 올해는 합격할 수 있을까?

할 수 있을 거야. 시험도 얼마 안 남았으니 더 열심히 하자.

힘을 내자!

자, 이제
시작하세요.

집중하자,
집중해야 해.

띵 동~
제5고사장 뎅

드디어 시험이
끝났네!

이번 시험 어땠어?

글쎄. 잘 모르겠어. 아무 생각도 안 나.

벌써 몇 번째 시험인데 왜 매번 이렇게 어렵기만 한지 모르겠어.

난 올해는 좀 잘 본 거 같아.

후유, 시험을 보긴 봤지만…

자신이 없네.

15

어서 오세요.

12,500원입니다.
봉투 필요하세요?

네.

안녕하세요?

안녕하세요?
고기 드시러 오세요.

안녕하세요? 고깃집
새로 오픈했습니다.

획

팔
랑

팔
랑

내가 저
전단지는 아닐까?
올해도 또 떨어졌는데
나에게 희망이
있는 걸까?

저 언니,
참 열심히
일하지?

그러게.
무슨 시험도 준비하고
있다던데?

공무원
시험이겠지 뭐.
요즘 누구나 다
준비하잖아.

아…
시험 준비에 알바에…
대단하네.

다녀왔습니다.

민영아!

엄마, 오늘은 제가 피곤하니까 나중에 얘기해요.

휴, 이번 달 특강 듣고 싶은데 어떡하지? 그렇다고 엄마한테 손 벌릴 수도 없고…

돈 걱정 좀 안 하고 살았으면 좋겠다. 언제쯤 나는 경제적인 자유를 얻을 수 있을까? 나도 부자가 될 수 있을까?

19

사서님의 소중한 선물인데… 괜찮을까?

괜찮을 거야. 사서님이 주신 선물을 활용할 때가 된 거야. 그래, 조금만 해 보자!

지금이야말로 내 노동력의 한계를 보완할 때야. 그것이 바로 주식이라고!

처음이라 그런지
긴장되네…

잘 되겠지?
조금씩만
해보자.

며칠 후

우아~

오늘도 또
오르고 있네!

오! 이런 게 바로
주식을 한다는 거구나!

언제 팔아야 하지? 많이 올랐으니 팔까?

좋았어! 열흘 사이에 내 한 달 용돈을 벌었네~

이번에는 이 주식도 좀 사볼까? 이것도 좋아보이는데 이것도 살까?

며칠 후

오늘은 좀 내려갔네. 내일 아침에 팔아야 하나?

어, 어제보다 더 내려갔네? 손해보고 팔기는 좀 아까운데 기다려볼까?

어떡하지? 계속 떨어지고 있어. 더 떨어지기 전에 얼른 팔아야겠어.

22

어제 괜히 팔았네. 오늘은 다시 올랐잖아.

오전에 손님들이 하는 말 들어보니

나나기업에 호재가 있다네.

그래?

나나기업이 오를 거 같던데 이거 사서 손해를 만회해야겠어.

분명히 호재가 있다고 했는데 왜 떨어지는 거야?

며칠 후

어, 어떡해! 어느새 주식이 반토막 나 버렸어!

오늘도 신나는 하루가 시작됐구나!

정말 좋은 하루야!

펀드가 뭐예요?

오늘은 내 차례인가?

음, 어떤 퀴즈를 내 볼까?

기본 탄탄

투자를 전문적으로 하는 기관이 여러 사람의 돈을 모아 투자한 다음, 그 수익을 가입자들에게 돌려주는 것입니다. 이것은 무엇일까요?

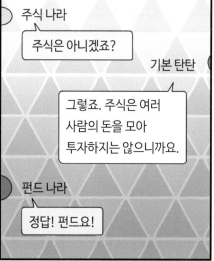

주식 나라

주식은 아니겠죠?

기본 탄탄

그렇죠. 주식은 여러 사람의 돈을 모아 투자하지는 않으니까요.

펀드 나라

정답! 펀드요!

딩동댕! 역시 펀드 나라 님이 맞히셨군요. 축하드립니다.

어? 누구지?

민영아! 민영이 아니니?

허브차 향이 좋네요.

민영아, 무슨 일 있니?

전화 먼저 받으렴.

아니에요. 괜찮아요.

띠리리리!

너 율이 전화도 피하는 걸 보니 무슨 문제가 있는 게 확실하구나.

도대체 무슨 일인데 그러니?

그게…

그게요…

후유, 그랬구나.
그러면 안 되는
거였는데…

네…

주식은 사고파는 게 아냐.
단기간 내에 주식을
사고팔아서 이익을
낼 수는 없거든.

주식이 오르내리는 때를
맞출 수 있는 사람은
없어. 매매 타이밍에
맞춰서 수익을 낸다는
생각만큼 위험한 것은
없단다.

주식은
장기 투자해야
하는 거야.

네,
장기 투자…

주식은 오랜 시간 동안 투자해서
그 결과로 얻어지는 성장 과실을
나누려는 목적으로 취득하는 것이지.

그럼 도대체
주식은 언제 팔아야
되는 거예요?

주식을 매도할 정당한 이유에는
세 가지가 있어.
첫째, 주가가 기업의 가치보다
지나치게 오를 때,
둘째, 기업의 지배 구조에 심각한
변화가 생기는 등 그 회사의 주식을
장기적으로 보유할 이유가 없어질 때,
셋째, 새로운 투자 기회,
더 좋은 주식이 생겼을 때야.

자원은 한정되어 있으니 새로운 투자
기회가 온다면 어쩔 수 없이 기존에 갖고
있던 주식을 팔아야 되는 것이지.
투자는 계속해야 하는 것이니까.

그렇다면 어떤
기업에 투자해야
해요? 좋은 기업을
어떻게 골라야 하는
거예요?

어떤 주식을
사야 하는지도
모르겠어요.

주식투자를 할 때
어떤 기업에
투자해야 할지,
종목을 어떻게 고르는
것이 좋을지에 대해
이야기해 주마.

우선 그 기업의 전략과 장래를 봐야 해. 장기적인 성장을 보고 판단하는 거지.

장기적이라면 몇 년 정도를 말씀하시는 거예요?

음, 최소한 5년 이상은 봐야지. 그 정도 기간에 기업이 계속 돈을 잘 벌어들일 수 있을지 생각해 봐야지.

네, 그렇군요.

그리고 어떤 주식을 사려고 할 때 그 기업의 경영진을 분석하는 것도 중요해.

경영진의 자질이 가장 중요하거든.

그렇겠네요. 경영진이 그 기업을 어떻게 이끌어 나갈지…

그렇지. 경영진이 기업을 운영할 능력을 잘 갖추고 있는지, 앞으로 돈을 버는 데 문제가 없는지 신중하게 판단해야 하지.

앞으로 돈을 버는 데에 문제가 없는지 본다고요?

도덕적으로 깨끗한 기업이어야 한다는 뜻이야. 경영진의 횡령이나 배임 등 기업에 도덕적 문제가 생긴다면 그 기업은 큰 타격을 입게 되거든.

또한 그 기업의 가치를 잘 판단해야 해.

기업의 가치요?

그 기업의 미래가 어떻게 펼쳐질지 예측하고 판단하는 거야.

마지막으로 중요한 또 한 가지!

판단해야 할 게 아직도 남았어요?

네가 이해할 수 있는 사업 분야의 기업을 선택하는 것이 좋아.

제가 이해할 수 있는 분야라고요?

투자의 귀재 워런 버핏 알지?

네.

그 분도 자신이 잘 모르는 분야에는 투자하지 않았단다.

정말요?

31

버핏은 인터넷 분야의 기업들이 유망하다는 것은 알았지만 인터넷은 자신이 잘 모르는 분야이기 때문에 투자하지 않았단다.

단지 모르는 분야이기 때문에 투자하지 않았다고요?

그래. 그렇단다.

와, 대단하네요. 유망한 분야라고 생각이 되면 투자할 수도 있을 텐데요.

그렇지?

음, 민영이라면 어떤 분야의 주식이 좋을까?

저는 공무원 외에는 잘 아는 게 없어요.

어렵게 생각하지 말고. 관심 분야, 아는 분야를 찾아보거나 아니면 네가 많이 사용하는 물건을 만드는 기업을 찾아봐도 좋단다.

정리하자면 성장 가능성이 있고 경영진의 도덕성에 문제가 없는 기업, 미래 가치가 높은 기업, 내가 잘 아는 분야의 기업에 투자하는 거야. 그런 기업을 골라서 주식을 꾸준히 사 모아 봐.

그럼 주식 투자의 반은 이미 성공한 거란다.

말씀은 쉬운데요… 제가 그런 기업을 잘 찾아낼 수 있을까요?

물론이지. 관심을 갖고 공부하고 노력하면 분명히 찾을 수 있을 거야.

그리고 그런 기업을 찾는 것만큼 중요한 게 또 있단다.

그게 뭐예요?

여유 자금으로 하는 거야. 절대 빚을 내서 투자를 해서는 안 돼.

네.

우리 허브차 한 잔 더 마시면서 계속 얘기할까?

네, 좋아요.

주식을 사고파는 것은 투자가 아니라 투기야.

네, 저도 후회하고 있어요.

그래. 앞으로 그렇게 하지 않는 것이 중요하지.

네.

이제 좀 살 것 같아요. 숨이 쉬어지는 것 같고요. 그동안 너무 힘들었어요.

역시 사서님께 오길 잘했어요.

하하, 다행이구나.

보통 사람들은 주식 투자란, 가격이 오르기 시작할 때 사고 가격이 내리기 시작할 때 팔아 이익을 남기는 기술이라고 생각하지. 이것을 마켓 타이밍이라고 해.

타이밍은 늘 중요하잖아요. 인생에서도 연애에서도…

타이밍이 중요하긴 하지.

그런데 제가 타이밍을 잘못 맞춘 거예요.

저도 처음에는 돈을 벌었어요. 그래서 더 자주 하고 많이 하다가 이렇게 큰 손해를 보게 된 거예요.

마켓 타이밍에 대한 잘못된 생각과 환상을 버려야 해.

마켓 타이밍은 투자가 아니라 수수료만 축내는 허상일 뿐이야.

아무리 전문가라고 하더라도 마켓 타이밍을 맞출 수는 없어. 한 두 번은 가능하겠지만 계속 맞출 수는 없단다.

오죽하면 그것은 신의 영역, 신이 하는 일이라는 말이 있겠니?

그래요?

어떻게든 타이밍을 맞춰 보려고 애썼었는데 가능하지 않은 일이었네요.

민영아, 지금 너에게 중요한 것부터 다시 생각해 보자꾸나.

지금 너에게 가장 중요한 것은 공무원 시험 공부잖아.

네, 맞아요.

공부할 시간도 없는데 주식투자에 많은 시간을 할애하는 것은 좋은 방법이 아니야.

그리고 개인적으로 주식에 투자한다는 것은 투자 훈련이 되어 있지 않은 사람에게는 위험하기도 해.

그래서 외국의 경우에는 개인적으로 주식을 하는 것보다 '이것'을 하는 것을 당연하게 여기지.

내 생각에는 너도 '이것'에 투자하는 게 좋을 것 같아.

'이것'이요?

그게 뭔데요?

바로 펀드란다!

펀드요? 그게 뭐예요?

펀드란 투자를 전문적으로 하는 기관이 여러 사람의 돈을 모아 운용하는 것이란다. 투자 전문 기관이 대행 수수료를 받고 투자를 대신하여 투자자에게 이익을 돌려 주는 것을 말하지.

너처럼 공부하거나 직장일이 바빠서 시간을 내기 어려울 경우 펀드가 효과적이란다.

단기간에 주가가 하락하더라도 크게 신경 쓸 필요 없고.

주가가 떨어지는데 신경을 안 쓸 수 있어요? 저는 불안해서 견딜 수가 없더라고요.

어느 순간부터는 제가 하루종일 주가만 계속 보고 있는 거예요. 올라갈 때는 좋았지만 떨어질 때는 저도 같이 가라앉아 결국 사라질 것만 같았어요.

그래, 변동성을 감당하는 것이 쉽지 않지. 시간의 힘을 믿고 버텨내는 수밖에 없단다.

주식하고 펀드는
어떻게 다른 거예요?

주식과 펀드는 크게 다르지 않아.
직접 투자와 간접 투자의 차이일 뿐이지.
주식은 내가 직접 고르는 것이지만
펀드는 전문가에게 맡기는
것이란다.

펀드의 장점은
뭐예요?

펀드의 장점은 적은 돈으로
투자할 수 있는 것이란다.

날마다 펀드에 만 원씩
투자해 볼까?

10000

펀드

펀드 투자자

그리고 여러 개의 주식에
나눠서 분산 투자를 할 수
있다는 것이 장점이지.

아하,
그렇군요.

그럼 단점은
뭐예요?

전문가에게 맡기는 것이니까 수수료가 있단다.

수수료가 얼마나 드는데요?

전문가의 노력에 비한다면 수수료가 비싼 것은 아니야. 펀드마다 다르지만 1년에 1% 정도의 수수료가 있다고 보면 돼.

펀드에 대해 점점 흥미가 생기는데요.

그래 잘 알아보거라.

수익률이 높을 것으로 예상되는 상품을 신중히 골라 투자하면 좋은 결과가 있을 거야.

저는 요즘 이런 생각을 해요. 돈이 있으면 내가 하고 싶은 일만 할 수 있을 텐데 하는 생각이요.

그러다가도 제가 너무 돈만 밝히는 것은 아닌가, 투자를 하는 게 맞는 건가 하는 생각이 들기도 해요.

투자를 하는 것은 절대로 나쁜 게 아니란다.

돈을 위해 일할 것이 아니라 돈이 나를 위해 일하게 해야 한다는 말 기억하니?

네, 기억하고 있어요.

펀드를 하면 네가 공부하는 시간에도 돈이 너를 위해 일한단다.

네, 좋은 말씀 감사드려요. 사서님 덕분에 마음이 가벼워졌어요.

그래, 다행이구나.

# 펀드란 무엇인가?

펀드(fund)는 '어떤 특정한 목적을 위해 돈이 모인 것', '경제적 이익을 보기 위해 불특정 다수인으로부터 모금하여 운영하는 투자 기금'을 가리키는데 우리나라에서는 모인 돈 뿐 아니라 펀드 상품 자체도 펀드라고 부른다.

펀드는 주로 주식이나 채권 등에 많이 투자하는데 개인이 주식, 채권에 투자하기 위해서는 어떤 회사의 주식이나 채권을 사야 하는지, 언제 사고 팔아야 하는지 등 알아야 할 게 많고 복잡하다. 이러한 것들을 다 공부하거나 분석할 수 없고 시간이 없는 사람들은 일정 비율의 수수료를 내고 투자 전문 기관에 맡긴다.

즉 펀드는 투자 전문 기관이 대행 수수료를 받고 투자를 대신하여 투자자에게 이익을 돌려 주는 것을 말하며 은행, 증권사 혹은 비대면으로 자산운용사 앱을 통해 쉽게 가입할 수 있다. 펀드에 가입하면 펀드매니저들이 그 돈을 여러 곳에 분산 투자하여 수익을 내서 그 수익을 투자했던 사람들에게 나누어 주는 배당금도 받을 수 있다.

**장점**

- 50~70개의 주식에 골고루 투자할 수 있다.
- 단일 종목에 투자하는 위험, 특정 시기에 투자하는 위험을 줄일 수 있다.
- 소액 투자가 가능하다.
- 장기 투자를 하게 된다.
- 연금저축펀드의 경우 절세 효과도 누릴 수 있다.

 **단점**

- 수수료를 지불해야 한다.

# 2장 펀드란 무엇일까?

## - 경제적 독립을 위한 펀드

공부는
잘 되니?

아니요.
점점 자신이
없어져요.

율이, 지수, 지우는 다 자기 자리를
찾은 것 같은데 저만 이러고 있는 것
같아서 괴로워요.

그렇다고
이제와서
포기할 수도
없고요.

왜 공무원이 되려는 거니?

정년이 보장된다는 안정성이 제일 큰 이유인 거 같아요.

부모님이 원하기도 하고 다른 사람들이 부러워하는 직업이기도 하고요.

공무원이 되면 사람들이 부러워하고 평생 안정적인 직업을 갖게 되기는 하지.

해고될 염려도 없고 퇴직 후에는 연금도 나오니 좋게 생각할 수도 있겠지.

그런데 그것만으로 충분할까? 너의 삶에서 그게 최선일까?

무엇이 최선일지 잘 모르겠어요.

내가 공무원이라는 직업에 대해 편협한 시각을 갖고 있다고 오해하진 말아 주렴.

나는 네가 좀 더 자신의 미래에 대해 생각을 해 봤으면 하는 마음이란다.

공무원 이외에 다른 일을 할 생각은 안 해 봤니?

다른 직업에 대해서는 생각해 본 적이 없니?

네, 다른 직업에 대해서는 생각해 보지 않았어요.

이 세상에는 정말 다양한 직업이 있단다. 거기에는 엄청난 기회가 있지.

그런데도 수많은 청년이 새로운 기회를 놓치면서 공무원만 하려고 한다면 좀 문제가 있지 않을까?

미국이나 중국 등 다른 나라의 청년들은 대부분 창업을 원해.

왜 그럴까요?

부자가 되고 싶기 때문이야. 공무원은 그런 의미에서 매력적인 직업은 아니거든.

네, 공무원 월급이 적기는 하죠.

여기에서 한 가지 생각할 점은 네가 어떤 직업을 택하더라도 월급을 받아서 경제적 독립을 얻는 것은 거의 불가능하다는 점이야.

그래서 미국의 회사원들은 월급의 10%를 주식형 펀드에 투자한단다.

청년 때부터 오랫동안 꾸준히 투자하여 큰부자가 된 사례가 많아.

주식이나 펀드는 시간에 투자하는 것이야. 오랫동안 투자한다면 경제적으로 윤택해질 수 있단다.

단순히 돈을 버는 게 아니라 돈으로부터 독립을 하는 것이지.

다시 강조하자면 펀드에 투자한다는 것은 단지 돈을 버는 게 아니라 나의 삶과 인생에 있어 경제적인 독립을 의미하는 거야. 이 점을 한 시도 잊으면 안 된단다.

민영아! 여기 있었구나.

사서님, 안녕하세요?

그래, 어서 오거라.

어? 어쩐 일이야?

뭐야? 전화도 안 받고… 걱정되서 와봤어.

미안해. 사서님께 의논드릴 일이 있어서…

무슨 일인데?

내가 주식을 시작했거든.

그래? 근데 공부하면서 주식을 어떻게 하려고?

투자는 나중에 하고 지금은 공부나 열심히 해.

투자는 공부하면서도 할 수 있단다. 그리고 나중으로 미루지 말고 하루라도 빨리 하는 것이 좋지.

투자를 하려면 시간이 많이 필요하잖아요?

주식은 그렇지만 자신의 하는 일에 집중하면서도 할 수 있는 투자 방법도 있단다.

펀드 말씀하시는 거예요?

그래, 율이가 잘 알고 있구나.

펀드를 해야 하는
근본적인 이유가 뭘까?

민영이가 공무원이 되건,
다른 직업을 갖게 되건 그것은 다
육체가 일하는 것이지. 그렇게 해서는
경제적 독립을 이루기 힘들단다.

경제적 독립을 위해서는 투자를
해야 해. 물론 펀드에 투자해서 짧은
기간에 돈을 벌 수 있는 것은 아니야.
장기적으로 투자해야 하지.

지금 하는 일은
그대로 하면서
돈이 너희를 위해
일하게 하는 거지.

펀드를 시작하려면
어떻게 해야
하나요?

펀드의 시작은 한국의 제도를
이용하는 것이 가장 좋아.

연금저축펀드라는 좋은 제도가 있단다.

연금저축펀드가 뭔데요?

펀드에 가입하여 일정 기간 동안 자금을 납입한 후에 원금과 수익을 연금 형태로 지급받는 투자 상품이야. 노후를 준비할 수 있게 만든 펀드란다.

1년에 1,800만 원까지 투자할 수 있고 세금 혜택이 있어서 아주 좋단다. 단 55세까지 유지해야 해.

| 연금저축펀드 연말정산 혜택 및 한도 | | |
|---|---|---|
| 연소득 | 세액 공제율 | 공제한도 |
| 근로소득 5,500만 원 이하, 종합소득 4천만 원 이하 | 16.5% | 400만 원 |
| 근로소득 1억 2천만 원 이하, 종합소득 1억 원 이하 | 13.2% | |
| 위 소득 기준 초과 | | 300만 원 |

정말 세금 혜택이 많네요.

다양한 펀드가 있지만 네가 직접 고르는 것은 좋은 방법이 아니야. 세금 혜택이 없으니까.

네가 공무원이 되면 공무원 연금이 있을 거야. 공무원 연금은 그것대로 유지하되 이 연금저축펀드도 꼭 추가적으로 해야 한다는 것을 잊지 말렴.

그럼 연금저축 펀드를 어떻게 들어야 해요?

연금저축펀드 계좌를 열어야 해. 계좌를 여는 방법은 여러 가지가 있는데 증권 회사, 은행에서 할 수도 있어.

그리고 펀드를 운용하는 자산 운용사에서 직접 계좌를 열 수도 있지.

요즘은 비대면이니 자산운용사에서 직접 계좌를 여는 것이 좋겠다. 그러면 수수료를 아낄 수 있단다.

가능한 한 주식 비중이 높은 펀드를 선택하는 것이 좋단다. 너희는 젊으니까 투자 기간을 길게 할 수 있기 때문이지.

예를 들어 TDF(Target Date Fund)라는 펀드가 있어.

TDF가 뭔데요?

미국에서 처음 시작된 펀드로, 내가 은퇴할 날짜를 미리 정하면 그에 따라 자산운용사가 알아서 조정해 주는 펀드란다.

만약 2050년에 은퇴할 거라면 'TDF2050'이라는 펀드에 가입하고 2045년에 은퇴할 거라면 'TDF2045'라는 펀드에 가입하는 거야.

우아, 멋진데요!

오늘 좋은 말씀 많이 들었습니다. 말씀대로 제 미래에 대해서도 고민하고 펀드 공부도 해 볼게요.

저도 덩달아 좋은 말씀 잘 들었습니다. 고맙습니다.

나는 왜 공무원이
되려는 걸까?

휘
청

어머!

죄송합니다.
죄송합니다!

괜찮습니다.
정말 괜찮아요.

어떡하죠? 세탁비라도…

정말 괜찮습니다. 아주 조금 묻었는걸요.

아니, 그래도…

저 누군지 아세요?

네?

저 여기 자주 오는데요…

아, 그러세요? 못 알아봐서 죄송합니다.

다녀왔습니다.

어. 왔니?

고생했다.
밥은 먹었니?

네…

민영이가 요즘 통 말도 없고
많이 힘들어 하는 거 같아요.
민영이한테 신경 좀 써요.

민영이랑 얘기하다보면
싸우게 될까봐 저도
말을 피하는 거예요.

민영아, 시험 준비 잘하고 있지?

네…

탁..

펀드에 대한 경험담이 많네. 어디 한번 볼까?

펀드에 대한 경험담들

No 펀드 : 펀드에 가입했다가 손해 많이 봤어요. 어휴, 절대로 하지 마세요.

가성비 제일 : 수수료가 너무 아까워요.

펀드 공부 : 펀드는 현금으로 바꾸는 데 시간이 오래 걸려요.

재테크 여왕 : 주가가 올라도 수익률이 얼마 되지 않아요.

이상하다.
사서님이 펀드를
추천해 주셨는데…

투자 초보 : 주식에 대해 잘 몰라도 할 수 있어요.

펀드 제일 : 주식만 하다가 펀드를 해 보니 정말 좋아요.

펀드 나라 : 펀드매니저가 잘 투자해 주니 회사일로 바빠서 신경쓰지 못해도
안심이 돼요.

부자 부자 : 세제 혜택을 받을 수 있어요.

아, 그렇구나.

펀드 공부를
하는 사람들의
모임도 많네.

이 모임이 펀드에 대해 제일 열심히 공부하는 것 같은데?

펀드, 같이 공부해요.

펀드 종류도 다양하구나.

주식에 주로 투자하는 주식형 펀드, 채권에 주로 투자하는 채권형 펀드, 채권 또는 주식에의 투자비율이 60% 미만인 혼합형 펀드가 있구나.

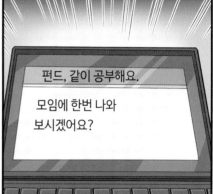

펀드, 같이 공부해요.

모임에 한번 나와 보시겠어요?

펀드 동아리 모임실

어서 오세요. 반갑습니다.

안녕하세요?

오늘은 새로 오신 분도 있어서 분위기가 더 활기찹니다.

그럼 이제 펀드에 대해 자유롭게 이야기를 나눠 볼까요?

예전에는 은행이나 증권 회사를 통해 펀드를 들어야 했는데 요즘에는 판매자를 거치지 않고 가입하는 것이 가능해져서 좋은 거 같아요.

맞아요. 참 편리해졌어요.

그런데 편리해진 만큼 선택의 폭도 넓어져서 펀드를 어떻게 골라야 할지 어려워진 것 같아요.

그럼 펀드를 고를 때 주의할 점에 대해서도 이야기를 나눠 볼까요?

먼저 보수와 수수료를 중요하게 생각하고 꼼꼼하게 살펴봐야 해요.

보수에는 어떤 종류가 있나요?

펀드를 운용하는 자산운용사에게 지불하는 운용 보수, 펀드를 판매하는 회사인 은행, 증권사, 보험사에 지불하는 판매 보수가 있어요.

값을 계산하거나 인출하는 비용으로 지급하는 회사 보수도 있다고 해요.

보수는 펀드를 투자하는 기간 내내 발생하고 수익률이 마이너스일 때도 내야 하기 때문에 부담스러운 것이 사실이에요.

네? 마이너스인데도 내야 한다고요? 왜요?

서비스 이용료의 성격이라서 그런 것 같아요.

아, 네.

보수와 수수료 외에 또 생각해야 할 것이 무엇일까요?

무엇보다 펀드를 운용하는 자산운용사를 잘 골라야 하지 않을까요?

맞아요. 주식을 고를 때에도 그 기업의 경영진은 어떤지, 무슨 철학을 가지고 있는지 중요하게 보잖아요.

그렇죠. 그와 마찬가지로 펀드를 운용하는 자산운용사도 꼼꼼히 따져보고 골라야죠.

수많은 기업 중에서 가치가 있는 기업을 찾아내는 것이 정말 중요할 것 같아요.

그런 기업을 찾아내어 장기적으로 펀드를 운용하고 있는지, 단순히 유행에 따라 사람들의 마음을 혹하게 하는 펀드를 만드는 것은 아닌지 살펴봐야 해요.

좋은 의견이
많이 나오고
있네요.
또 있을까요?

펀드매니저나 자산운용사
직원들의 펀드 투자에 대해서도
알아보면 좋을 것 같아요.

펀드매니저나 자산운용사의
직원들이 자신들의 펀드에 투자하고
있는지도 확인해 보는 것이
필요해요.

맞아요. 우리들한테 좋은 펀드라고
권하기만 하고 정작 자신은 그 펀드에
들지 않았다면 믿음이 가지 않잖아요.

다과를 즐기면서
더 이야기를 나눠
볼까요?

1999년 펀드 붐이 일었었잖아요.

그것을 '바이 코리아'라고 하지요?

2000년대 중반에는 중국의 주식형 펀드가 크게 인기를 끌었고요.

앞으로는 또 어떤 상품이 나와 우리의 주목을 끌게 될까요?

혹시 사모 펀드에 관심 있으세요? 이거 특별히 말씀드리는 거예요.

네? 사모 펀드요? 사모하는 펀드? 이름이 예쁘네요. 그게 뭔데요?

쉿!

아무나 할 수 있는 펀드가 아니라서요. 이렇게 조용히 말씀드리는 점을 이해해 주세요.

네, 물론이죠. 이해해요.

펀드에는 크게
사모 펀드와
공모 펀드가
있어요.

사모 펀드는 50명 이하의
투자자에게서 비공개로
자금을 모아 투자하여
운용하는 펀드예요.

아, 그래요?

왜 그렇게 사람을
조금만 모아서
하는 거예요?

이것저것 제한을
받지 않고 투자할 수
있는 자유를 얻기
위해서지요.

그러니까 국가에서 보호해
주려는 노력을 하지 않아요.
펀드에 든 사람끼리 알아서
하는 거예요.

동아리방

보호를 받지 못한다는 건
좀 위험하지 않을까요?

대신에 사모 펀드는 좀더
자유롭게 투자할 수 있지요.

그리고 무엇보다
수익률이 높아요.

정말요?

저도 하고 싶어요.
얼마면 돼요?

30만 원?

300만 원?

3,000만 원?

아니, 3억
이상이요.

3억 이상이
필요해요.

네?
3억이요?

왜 그러세요?

네, 사모 펀드
얘기를 듣고 좀
놀라서요.

사모 펀드는 돈이 많은 사람들을 위한 펀드예요.

네, 그러네요.

3억 이상을 투자할 수 있는 부자들의 게임이지요.

수익률이 높긴 하지만 위험도 크기 때문에 잘 생각해야 해요.

전 투자할 돈이 별로 없어요. 아직 공부 중이거든요.

사모 펀드에 비해 공모 펀드는 적은 돈으로도 할 수 있어요.

공모 펀드는 뭐예요?

50명 이상의 투자자를 공개적으로 모집하고 그 자금을 운영하는 펀드를 말해요. 공모 펀드는 일반 사람들을 위한 펀드예요. 금액이 크건 작건 누구나 할 수 있는 펀드죠.

그대신 국가의 금융감독원 같은
곳에서 간섭을 많이 하지요.

왜 간섭을 많이
해요?

투자자들을 보호하기
위해서예요.

아하,
그렇군요.

이러한 공모 펀드에는
여러 가지가 있어요.

어떤 펀드들이
있나요?

주식에 투자하는 펀드, 채권에 투자하는
펀드, 부동산에 투자하는 펀드, 국내에
투자하는 펀드, 해외의 여러 나라에
투자하는 펀드 등 다양하지요.

우리 같은 일반 사람들은
공모 펀드를 하는 것이
좋겠네요.

그렇지요.

어때요, 충분한 설명이
되었나요?

네,
고맙습니다.

아참, 단톡방에도 들어오시겠어요?

단톡방이요?

닉네임을 따로 사용해서 누가 누구인지 몰라요. 오프라인 모임에 나오지 않는 회원도 많이 있지요.

펀드에 대한 퀴즈를 내거나 미션을 수행하면서 서로 이야기를 나누며 즐기는 공간이에요.

전 펀드에 대해 잘 모르는데 괜찮을까요?

그럼요. 펀드에 대한 공부도 되고 재미있을 거예요.

동아리방

오늘 모임도 뜻깊은 시간이었습니다. 모두 안녕히 돌아가세요.

다음 모임 때 뵐게요.

다음 모임 때까지 펀드 수익률이 쑥쑥 올라가면 좋겠네요.

오늘 말씀 감사했습니다.

# 펀드에는 어떤 종류가 있나?

## 1) 투자 대상에 따른 종류

### 주식형 펀드

주식에 주로 투자하는 펀드다. 주식회사가 회사를 잘 운영하여 이익을 많이 내면 주식의 가치가 상승한다. 그 회사의 주식을 가진 사람은 배당금과 시세 차익을 얻을 수 있다. 주식을 사서 이익을 보는 것이 주식형 펀드지만 주식형 펀드는 주식처럼 회사의 개별 종목을 사는 것이 아니라 일종의 포트폴리오를 구매하는 것과 같다.

### 채권형 펀드

채권에 주로 투자하는 펀드다. 채권은 회사, 지방자치단체, 국가가 자금을 조달하기 위해 이자를 지불할 것을 약속하면서 발행하는 것이다. 이 채권을 사서 이익을 보는 것이 채권형 펀드다.

### 혼합형 펀드

채권형 또는 주식형이 아닌 상품으로 채권 또는 주식에의 투자비율이 60% 미만인 펀드를 말한다. 혼합형 펀드는 주식과 채권의 효율적 배분을 통해 수익성과 안정성을 동시에 추구한다.

이외에도 투자 대상에 따라, 국내 펀드, 해외 펀드, 신흥국가 대상 펀드, 선진국 펀드, 중국 펀드, 원자재 펀드 등 펀드의 종류는 아주 다양하다.

## 2) 투자자에 따른 종류

공모 펀드

- 50인 이상의 불특정 다수의 투자자를 대상으로 자금을 모으고 그 자금을 운영하는 펀드를 말한다. 주로 개인투자자들을 대상으로 자금을 모집한다.
- 은행, 증권사, 자산운용사의 계좌 개설 등을 통해 매수할 수 있다.
- 일반인들이 손쉽게 매수할 수 있는 펀드인 만큼 투자자 보호가 중요하다.
- 금액이 크건 작건 누구나 할 수 있다.

사모 펀드

- 소수의 투자자에게서 비공개로 자금을 모아 주식과 채권에 투자하여 운용하는 펀드를 말한다.
- 돈이 많고 펀드에 대해 잘 아는 소수의 사람들이 투자하는 펀드다.
- 일반 투자자의 가입 금액은 최소 3억 원 이상이며 공모 펀드와 달리 투자자 보호 장치가 느슨한 편이다.

어서 오세요.

오셨어요?

안녕하세요?

어? 비가
오려나 보네.

어? 비가 오네?

일기예보에 비 온단
소리 없었는데…

우산을 빌려주고 싶은데
하나밖에 없어서요.
같이 가도 될까요?

며칠 뒤

여기 경치 어때요?
제가 좋아하는 곳이에요.

다른 사람을 여기로
데려온 건 처음이랍니다.

음, 그 말은 좀
진부한데요.

아, 그런가요?

그리고 여긴 굳이 데려오지
않아도 누구나 올 수 있는 곳
같은데요.

하 하 하

저 사실은 누구를 만날 시간이 없어요.

공무원 시험 준비도 해야 하고요.

아르바이트도 많이 해야 하거든요.

그거 잘됐네요. 저도 바쁜 사람이거든요.

네? 네…

요즘 관심있는 분야가 뭐예요?

요즈음에는 펀드에 관심이 생겼어요.

그래요?

저도 펀드에
관심 많은데…

어머, 정말요?

펀드는 정말 알면 알수록
더 알고 싶어지는 것 같아요.

자산을 불려 나가는
방법으로도 정말 매력적인 것
같고요.

그렇죠?

펀드를 운용하는
자산운용사에 직접
방문해 보는 건 어때요?

정말요?
한번 가 보고 싶었어요.

제가 유능한 펀드매니저를
알고 있거든요.
소개시켜 줄까요?

좋아요!

그럼 약속을
정해 놓을게요!

어떤 분일지 정말
기대되네요.

며칠 후

우아, 회사가 정말 멋진데?

2시 약속이에요.

네, 잠시만 기다려 주세요.

알겠습니다.

2층 상담실로 올라가시면 됩니다.

어? 준 씨가 왜 여기에…

어떻게 된 거예요?

정식으로 인사드릴게요. 펀드매니저 김준입니다.

그런데 정말 미안해요. 고객 상담이 아직 덜 끝나서요. 잠시만 기다려 주세요.

네.

조금 멋있어 보이는데…

준 씨가 펀드매니저라니, 정말 놀랐어요. 펀드매니저 맞는 거죠?

네, 맞습니다.

자산운용사, 투자고문회사, 투자신탁회사, 신탁은행 등에서 자산을 운영하는 일을 전문적으로 하는 펀드매니저 맞습니다.

주가, 금리, 외국환 시세가 어떤지 잘 살펴 운용의 이익을 높이는 임무를 띠고 일하고 있습니다.

우아, 대단한데요

그럼 이제부터 본격적으로 이야기를 나누어 볼까요? 어떤 이야기를 나누고 싶으신가요? 궁금한 점을 물어보셔도 좋고요.

좋은 펀드에 투자하려면 어떻게 해야 해요?

좋은 펀드에 투자하는 방법에 대해 알고 싶으시군요. 우선 좋은 운용사와 유능한 펀드매니저를 찾아야 해요. 바로 여기지요! 바로 저고요!

그럼 언제 투자하는 것이 좋나요?

펀드도 투자하기 가장 좋은 시점은 바로 지금이지요!

그리고 좋은 펀드를 골랐다면 여러 펀드로 분산 투자해야 해요.

아하, 그렇군요!

마지막으로 중요한 한 가지가 있어요.

그게 뭔데요?

길게 투자해야 한다는 것, 오래 함께해야 한다는 것이에요. 바로 우리처럼요!

펀드는 주식처럼 사고파는 게 아니라는 점도 생각해 주세요.

펀드에 대한 좋은 말씀 잘 들었습니다. 회사에 와 보길 정말 잘한 것 같아요. 고맙습니다.

저야말로 좋은 시간이었습니다.

우리, 또 봐요!

경제 독립 : 주식 시장의 움직임보다 높은 수익률을 올리기 위하여 펀드매니저들이 적극적으로 전략을 세우고 실행하는 펀드로, 주식형 펀드라고도 불립니다. 이 펀드는 무엇일까요?

무슨 펀드지? 주식형 펀드는 들어 봤는데…

주식 초보
아, 이번 퀴즈는 너무 어려운데요.

펀드 공부
힌트 좀 주세요.

나만 어려운 건 아니구나.

펀드 나라

정답!
패시브 펀드!

패시브 펀드?
처음 들어 보는데…

경제 독립

아쉽습니다.
반대로 생각해
보세요.

펀드 사랑

액티브 펀드!

경제 독립

네, 맞습니다!

경제 독립

좀더 덧붙여 설명한다면 액티브
펀드는 말 그대로 액티브하게
활발하게 움직인다고 생각하시면
돼요.

경제 독립

펀드매니저가 할 일이 많지요.
그러다 보니 운용 보수가 많이
들기도 해요. 그리고 높은 수익률을
추구하는 만큼 변동성이나
리스크가 큽니다.

경제 독립

이러한 액티브 펀드와 반대되는 것이
패시브 펀드 또는 인덱스 펀드입니다.
요즈음 나오는 ETF(Exchange Traded
Fund)가 패시브 펀드입니다.

경제 자유

와, 그렇군요!

경제 독립 :
이러한 펀드는 펀드
매니저의 역할이
별로 없다고 보시면
됩니다. 안정적인
수익을 추구하지요.

와, 사람들
펀드 지식이
대단하구나!

이번 퀴즈를 낸 사람이 누구지?
경제 독립님? 어떤 사람인지
궁금하네.

나도 언젠가는
이렇게 펀드 퀴즈를
낼 수 있도록
지식을 쌓아야지.

며칠 후

다녀왔습니다.

오늘은 일찍 왔네.

저녁은 먹었니?

네.

오늘은 민영이랑 얘기 좀 해 봐요.

알았어요.

똑 똑

요즘 컨디션은 어때? 시험 준비는 잘하고 있지?

네…

민영아, 공무원만 되면 다른 모든 건 다 잘될 거야.

이번엔 꼭 붙어야지, 안 그래?

네, 그래야죠.

친구들은 다 잘나가는데 너만 혼자 그러고 있을 수는 없잖니?

힘들어도 조금만 더 참고 열심히 하자.

이 세상에서 공무원만큼 좋은 직업 없어. 알지?

엄마, 그만, 그만 좀 하세요.

저게 나야? 내 얼굴 맞아?
왜 이렇게 낯설지?

저 거울 속으로 다른 세상으로 가고 싶다.
사라져 버리고 싶어.

후유, 엄마가 공무원 얘기만 하면,
공무원 시험 생각만 하면
너무 가슴이 답답해.
아무리 발버둥 쳐도
벗어날 수 없는 덫 같아.

오랜만이다. 가게는 어때?

언제나 잘되는 건 아니지만, 제가 좋아하는 일을 하고 있는 거니까 즐거워요.

너 왜 그래? 왠지 평소의 너답지 않다.

뭐가? 그냥 여러 가지로 머리가 복잡할 뿐이야.

어? 누구지?

펀드 사랑

괜찮다면 둘이 따로
이야기하고 싶어요.
생각이나 마음이 잘
통할 것 같아서요.

경제 자유

네.

누군데?

어, 그냥…

모두들 안녕?

안녕하세요?

민영아, 얼굴색이 아직도 안 좋구나.

네가 힘들어하는 줄도 모르고 있었네. 미안해.

왜 저는 공무원이 되려는 걸까요? 이 질문이 머릿속에서 계속 맴돌아요.

다시 말하지만, 공무원 되는 것이 나쁘다는 것은 아니란다.

우리나라 대학생들의 25% 정도가 선호하는 직업으로 공무원을 꼽고 있어. 아이들의 장래희망에도 공무원은 높은 순위에 있지.

우의 세상
인테리어 전문

네, 맞아요.

그런데 20~30년 후의 미래를 봐야 하지 않을까? 공무원이 정말 인생의 목표가 될 만큼 중요할까?

94

또 한 가지 생각할 점은 세상의 많은 직업 중에서 공무원이 가장 되고 싶다는 것은 부자가 되지 않겠다고 결정하는 것과 같다는 거야.

네, 그렇긴 하지만 그냥 포기하는 것도 아닌 것 같아요.

그래, 그렇구나. 그게 너의 선택이라면 존중할게.

늘 힘이 되는 말씀, 고맙습니다.

나도 널 응원한다는 것 잊지 마.

고마워.

민영이가 많이 힘들어 하는구나.

우아, 그런 펀드도 있는 줄 몰랐어요! 역시 펀드에 대한 지식이 대단하시네요.

흥흥 이 정도쯤은 기본이죠.

요즘 저는 펀드에 대한 생각뿐 아니라 개인적인 고민도 하고 있어요.

그러세요? 치열하게 고민하시고 좋은 결론을 내리시길 바랄게요.

무슨 좋은 일 있나 봐.

아냐.
아무 것도.

그럼 이제
회의 시작할까?

우리가 액티브 펀드를
중심으로 판매하는 게
맞을까요?

우리는 고객들에게 높은 수익률을 안겨 줘야 합니다.
그러기 위해서는 적극적으로 전략을 세우고
실행하는 액티브 펀드가 맞다고 봅니다.

하지만 높은 수익률을 추구하는 만큼 변동성과 리스크가 크다는 점이 걸립니다. 이 점이 늘 딜레마네요.

안전한 선택만 해서는 수익률을 높일 수 없으니까요.

패시브 펀드로 소극적인 투자만 해서는 수익률을 끌어올릴 수 없습니다. 수익률을 우선적으로 생각해야 하지 않을까요?

하지만 수익률 때문에 고객들의 항의를 받을 때마다 너무 힘이 듭니다. 우리도 사람인데 미래를 정확하게 예측할 수는 없지 않겠습니까?

네… 이 부분은 어느 것이 맞고 어느 것이 틀리다고 말할 수 없는 문제일 것 같습니다.

우리는 고객들의 단계별 투자 추천표에 충실히 따르면 된다고 생각합니다.

네, 첫 번째 단계는 퇴직연금, 연금저축펀드, 두 번째 단계는 주식형 펀드, 세 번째 단계는 개별적인 주식 투자지요.

우리는 고객들이 주식 투자로 나아가기 전까지 펀드를 잘 골라 주고 관리해 주면 된다고 생각합니다.

펀드를 계속 선호하는 고객들도 늘 신경 써야 하고요.

우리 모두 초심을 잃지 맙시다. 펀드는 초보 투자자들에게 매우 유용하고 체계적인 투자 수단이라는 점은 변하지 않으니까요.

내가 처음으로 너희들에게 펀드를 알려 줬었잖아.

아, 그랬었지? 잊고 있었네.

내가 펀드에 대해 좀 알지. 펀드를 할 때 꼭 알아봐야 할 것들이 있어.

그게 뭔데?

펀드매니저를 통해 펀드를 한다면 펀드매니저가 어떤 생각을 가지고 있는지가 중요해. 장기 투자 원칙을 가지고 있는지 꼭 확인해야 해.

그래, 장기 투자! 사서님도 강조하셨어.

펀드매니저에 대해 알아보려면 펀드매니저가 운용하는 펀드의 회전율을 살펴보면 돼.

회전율이 뭔데?

회전율이란 펀드가 얼마나 자주
보유한 주식을 사고파는지를
수치로 표현한 거야.

주식을 자주 사고팔거나
종목을 자주 바꾸는 것은
좋지 않아.

아,
그렇구나.

수수료, 비용 체계도 꼼꼼히 따져 봐야 해. 펀드를 할 때
내야 하는 수수료가 천차만별이거든. 펀드의 규모가
어느 정도인지도 알아봐야 하고.

휴, 국 다 식는다.
얘들아, 먹으면서 얘기해.

어, 미안. 너무 우리
둘이서만 얘기했지?

알긴 아는구나.
먹어, 먹어.

그런데 펀드에도 클래스가 있다는 것 알아?

클래스?

보통 A, C, E클래스 등으로 펀드 이름의 맨 뒤에 표시되지.

그렇구나.

펀드마다 수수료가 다르고 펀드 클래스에 따라 각각의 수수료 체계가 있어.

같은 펀드라도 수수료가 다르니까 가장 저렴한 쪽을 선택해야 해.

A클래스는 선취수수료와 연간 보수를 모두 내는 펀드야.

수수료가 많겠구나.

그런데 1% 안팎의 수수료를 떼고 투자를 시작하니까 2년 이하 단기 투자자보다는 장기 투자자에게 유리해.

C클래스는 선취수수료가 없는 대신에 연간 보수가 좀 높아. 운용 기간에 따라 연간 보수를 내야 하니까 장기 투자에 불리해. 2년 이하…

단기 투자자에게 추천하는 펀드지?

맞아. 넌 관심 없는 줄 알았는데…

네가 설명을 잘해서 그런지 듣다 보니 흥미가 생기는걸.

휴, 난 머리가 지끈거린다. 너무 복잡하고 어려워…

아냐. 처음 듣는 내용이라 그럴 거야.

그럼 E클래스는 뭐야?

E클래스는 인터넷으로 들 수 있는 펀드야.

선취수수료와 연간 보수가 싼 편이지.

E클래스는 각 증권사의 온라인 사이트에서 판매하는 펀드라고 생각하면 돼.

오호, 진짜 전문가 같은데!

이 정도쯤이야!

우쭐대기는…

마지막으로 S클래스는 온라인 펀드 쇼핑몰인 '펀드슈퍼마켓'에서만 들 수 있는 펀드야.

펀드슈퍼마켓?

펀드슈퍼마켓은 자산운용사들이 판매 회사를 통하지 않고 직접 투자자를 끌어모으려고 공동으로 만든 온라인 펀드 투자 플랫폼이지.

우아, 대단한데!

참! 연금저축펀드는 꼭 해라. 이 펀드는 절세 효과, 노후 준비에 매력적이거든.

아하, 그렇구나!

노후를 준비하기 위해 5년은 그대로 적립해야 해. 나중에 일시불이 아니라 연금으로 받고.

주식이나 주식형 펀드에 노후 자금을 투자하는 것도 좋은 방법이지.

후유, 벌써부터 노후 생각을 해야 하다니…

미리미리 준비해 두면 좋잖아?

그렇긴 하지.

민영아! 무슨 생각을 하는 거야?

아, 미안.

아무튼 자산운용사에서 직접 펀드를 매입해야 수수료를 아낄 수 있다는 점을 잊지 마. 어때, 도움이 많이 됐니?

그럼! 너, 다시 봤어!

# 펀드를 잘 고르는 방법

## 1. 수수료와 보수를 중요하게 살펴봐라

수수료는 펀드에 가입하거나 (선취수수료) 환매할 때 (후취수수료) 내는 것으로 1회성 비용이고, 보수는 일종의 서비스 이용료 성격으로 투자 기간 내내 발생한다. 수익률이 마이너스여도 보수는 내야 한다.

보수는 보통 연 1% 내외인데, 펀드 수익률이 10%라 할 때 1%가 보수 명목으로 차감된다고 보면 된다. 따라서 수수료나 보수가 저렴한 펀드를 고르는 것이 좋다.

### 1) A클래스

- 특징: 선취수수료 부과, 연간 보수 부과
- 추천: 수수료를 뗀 금액으로 투자를 하므로 2년 이하 단기 투자자보다 장기 투자자에게 추천

### 2) C클래스

- 특징: 선취수수료 없음, 연간 보수 다소 높게 부과
- 추천: 운용기간에 비례해 연간 보수 측정, 장기 투자자보다 2년 이하 단기 투자자에게 추천

### 3) E클래스

- 특징: 온라인으로 상품 판매, 선취수수료와 연간 보수 저렴

### 4) S클래스

- 특징: 한국포스증권(펀드슈퍼마켓)에서 구입할 수 있는 펀드, 연간 보수 가장 저렴
- 추천: 3년 미만 환매시 후취판매수수료를 내므로 3년 이상 장기 투자자에게 추천

## 2. 펀드를 운용하는 자산운용사를 잘 골라야 한다

주식을 고를 때 그 회사의 경영진, 철학을 중요하게 봐야 하는 것처럼 펀드는 펀드매니저의 철학을 잘 살펴야 한다. 유행에 따라 펀드를 만들고 있는지, 가치 있는 기업을 찾아내 장기적으로 펀드를 운용하고 있는지를 살펴봐야 한다. 이는 펀드매니저가 운용하는 펀드회전율 지표를 보면 알 수 있다. * (펀드회전율 : 펀드매니저가 펀드 운용을 위해 주식을 사고판 횟수를 수치로 나타낸 것으로 펀드 내에서의 연간 총거래금액을 펀드운용금액으로 나눈 수치)

회전율이 100%라고 하는 건 1년 동안 펀드 포트폴리오가 다 바뀐다는 것을 의미한다. 회전율이 10%면 평균 투자 기간이 약 10년, 회전율이 20%라면 평균 투자 기간이 약 5년이라는 뜻이다. 어떤 펀드는 회전율이 500, 1000%가 되기도 하는데 회전율이 높은 펀드는 피하는 것이 좋다.
펀드회전율이 높으면 각종 수수료와 세금이 발생하여 필요없는 비용이 증가하기 때문이다. 많은 사람이 펀드를 고를 때 단기간 수익률을 중요하게 보지만 펀드를 단기간의 수익률로 판단하는 것은 지양해야 한다. 수익률보다 중요한 것은 펀드를 운용하는 회사의 철학이다.


## 3. 펀드매니저나 운용사의 직원들이 자신의 펀드에 투자하고 있는지 확인해 보라

자산운용사나 펀드매니저가 고객들의 이해관계와 일치하는지를 보는 것이다. 좋은 펀드라면 자신의 돈도 투자하는 것이 당연하다. 펀드매니저의 돈도 그 펀드에 들어가 있다면, 고객이 그 펀드를 훨씬 더 신뢰할 수 있을 것이다.


＊ 펀드회전율은 펀드다모아 홈페이지, 또는 각 펀드의 자산운용보고서에서 확인할 수 있다.

# 4장 오해와 갈등을 넘어
## - 수익률보다 중요한 것은

어? 여기가 어디지?

시험에 합격한 것 축하해!

우아, 공무원 시험에 합격하다니, 대단해!

와, 이제 꽃길만 걷는 거야.

그래, 이제 나에게는 새로운 세상이 열리는 거야!

뭐라고? 또 떨어졌다고?

공부 엄청 안했나보네.

아무래도 얘는 틀렸어! 이젠 끝났어!

아냐, 아니라고!

하하하~

후유,
꿈이었구나.

이크, 늦겠네.
서두르자.

어서 오세요.
율이구나!

안녕? 내가 너무 바쁠 때
온 건 아니지?

아냐.
괜찮아.

참, 소개해 줄
사람 있어.

누구?

여긴 어렸을 때부터 친구인 율이에요.

이분은 요즘 알게 된 펀드매니저 김준 씨야. 펀드에 대해서 많은 도움을 주시고 있어.

펀드 매니저라고?

안녕하세요?

안녕하세요?

전화 안 받으시네요.
계속 피하실 건가요?

언제부터 아는 사이야?
저 사람에 대해 얼마나
알고 있어?

뭐가 그렇게
궁금한데?

괜찮은 사람인 것 맞아?
잘 알지도 못하면서
아무나 믿고
그러는 거 아냐?

너, 왜 그래?

아, 아냐.
다음 보자.

8,900원입니다.
봉투 필요하세요?

안녕히 가세요.

안녕하세요?
4,000원입니다.

같이 마실래요?
끝날 시간 다 됐죠?

어?
준 씨.

펀드 수익률 보고서도 드릴 겸 왔어요.

톡으로 전달해 주셔도 되는데요.

혼자서는 봐도 이해하기 힘들잖아요. 설명이 필요하지 않을까요?

온가족 편의점

하긴 그래요.

너, 오늘따라
많이 마신다.

무슨 일 있냐?
왜 심각한 건데?

일은 무슨…
자, 마셔.

내가 그 사업 안 된다고 했었지? 내가 몇 번이나 말했잖아.

내가 사업에 실패하고 싶어서 실패했겠냐? 이번이 마지막이야. 돈 좀 빌려줘. 조금만 도와줘.

내가 오죽하면 너한테 이런 부탁을 하겠냐?

나도 부탁인데 이제 제발 잘될 거라는 남의 말만 믿고 일 벌리는 건 그만해!

아직 자금 좀 남았지?
이제라도 해 보자.

뭐, 뭐라고?
뭘 해?

늦지 않았어.
그 돈이라도 줘 봐.
내가 좋은 데
넣을게.

내가 지금 돈이 어딨어?
돈이 있으면 너한테
빌려달라고 하겠니?

친구가 망해서 왔는데
위로는 못할 망정
영업을 하다니…

저 사람 말이
맞긴 하지만…
그래도 지금 저런
말이 친구 귀에
들리기나 할까?

혹시 저 사람 모든 사람을 다 영업을 위한 수단으로 생각하는 건 아닐까?

혹시 민영이한테 잘해 주는 것도 실적 때문에 그러는 건가?

뉴스 특보

뉴스 특보입니다. 국내를 강타한 금융 사건과 국제 정세의 불안으로 주식 시장이 요동치고 있습니다.

〈뉴스 특보〉 국내를 강타한 금융 사건과 국제 정세의 불안으로 주식 시장 요동

국제 정세의
불안으로
주식 시장 요동

괜찮을까요?

보통 주식 시장은
뉴스에 지나치게 큰
과잉 반응을
나타내게 돼요.

그런 거죠?

조금이라도 좋지 않은
소식이 있으면 언론이
불안감을 확대시키죠.
그에 따라 사람들의
마음도 한쪽으로
쏠리게 되고요.

제 마음도 마구
쏠리고 사정없이
흔들리고 있어요.

괜찮아요. 당연한 거예요. 주식 시장은 좋을 때와 나쁠 때를 수없이 되풀이하고 있어요.

많은 사람이 펀드를 할 때 단기간 수익률을 중요하게 생각해요.

하지만 펀드는 단기간의 수익률로 보면 절대로 안 돼요. 단기적인 수익률이 아니라 장기적인 수익률을 봐야 해요.

그리고 수익률보다 중요한 건 펀드에 대한 확신이에요.

네, 준 씨만 믿을게요.

버티는 게 필요해요. 같이 힘든 시기를 이겨 내도록 해요.

네, 버텨야지요. 우리 같이 이겨 내요.

혹시 민영이에게 준이라는 사람에 대해 뭐 들은 거 없어?

무슨 일인데? 다짜고짜 그건 왜 물어?

아무것도 아는 게 없어?

그냥 얼마전에 만났는데 서로 마음이 잘 통한다고 하던데? 민영이가 많이 믿는 것 같더라고…

왜 그러는데? 민영이한테 무슨 일이 있다면 나도 알아야지.

아직 확실한 건 아니야. 그냥 의심이 가서…

어디서 일하는지 알아?

글쎄… 아, 국일자산운용!

나 갈게. 나중에 봐.

124

율이는 왜 그런 걸
물어본 거지?

그 사람에 대해 얼마나 알고 있어?
그 사람한테 어떤 펀드 들었어?

그건 왜?

그 사람에게 다른 얼굴이
있을 수도 있어.

다른 얼굴이라니…

민영이한테 의도적으로 접근한 거죠?

무슨 소리에요?

민영이한테 다 들었어요. 민영이한테 추천한 펀드가 엄청 떨어졌다고 하던데…

일부러 수수료율 높은 펀드나 리스크가 높은 펀드만 추천하고, 회사에서 미는 펀드만 민영이에게 하라고 한 거 아니에요?

아니에요! 수익이 많이 나게 해 주고 싶었을 뿐이에요.

저도 그 펀드가 떨어질 줄은 몰랐어요. 제가 펀드매니저로서 잘못 판단한 것이지 나쁜 마음으로 그런 건 절대 아니에요.

어쨌든 자신의 이익을 위해서 민영이를 이용한 거잖아요!

아니라고요!

민영이를 위하는 마음만은 진심이라고요!

그 말을 어떻게 믿어요?

사람들과 험악한 대화 나누던 건 뭐죠?

나, 펀드매니저예요. 고객 응대가 늘 즐거울 수만은 없죠. 최선을 다해 친절히 대하지만 전혀 아닌 고객도 있다고요.

그럼 호프집에서 친구를 차갑게 대하던 건요?

언제요? 누구요? 아… 그때…

그 친구는 돈 빌려달라고 온 거예요. 처음에는 빌려줬지만 언제까지 그럴 수는 없지요.

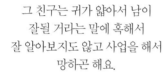

그 친구는 귀가 얇아서 남이 잘될 거라는 말에 혹해서 잘 알아보지도 않고 사업을 해서 망하곤 해요.

이번에야말로 그 친구 정신을 차리게 해 주고 싶었어요. 펀드로 마지막 기회를 주고 싶었고요.

아니, 그런데 왜 내가 이런 얘기까지 다 해야 하는 거죠?

그거야, 의심스러운 게 한두 가지가 아니니까요.

의심스럽다니 그게 무슨 말씀이세요?

민영이는 저한테 둘도 없는 친구예요. 민영이를 이용하려고 하면 내가 가만 있지 않을 거예요.

이용하다니요? 말도 안 돼요.

민영이에 대한 마음은 정말 진심이에요?

처음엔 이성적인 관심으로 다가갔어요.

열심히 일하고 공부하는 모습이 보기 좋았고요.

공무원이라는 꿈을 향해 나아가는 것을 알았을 땐 놀랐어요. 마치 나의 모습을 보는 것 같기도 했고요. 내 꿈도 공무원이었거든요.

경제적으로 힘들어 하면서 펀드에 관심을 보이길래 최선을 다해 돕고 싶었어요.

아, 그런데…
왜 이런 걸
묻는 거죠?

혹시? 민영 씨를
좋아하시는
거예요?

어, 왜
이러지?

휴, 피곤하다.
어쨌든 오늘
하루도 지나갔어.

다녀왔습니다.

오늘도 열심히 했겠지?
간식 줄 테니까 먹고 조금만 더
공부하자.

공무원이 이 세상에서
제일 좋은 직업이야.

엄마,
지금은 저…

엄마 목소리가
안 들려…

애, 얘가 왜 이래?
민영아, 엄마 말 들리니?

민영아,
민영아!

엄마, 아빠
소리가 점점
멀어진다.
멀어져 간다…

여기가 어디지?

극심한 스트레스입니다.
안정을 취하면
나아질 겁니다.

고맙습니다.

애한테 얼마나
부담을 줬으면…

내가 뭘요…
그냥 몇 마디
한 것뿐이라고요.

괜히 저 때문에
다투지 마세요.
저 이제 괜찮아요.

며칠 더 쉬는 게
좋지 않을까?

충분히 쉬었어요.
바람 쐬고 올게요.

며칠 후

135

민영이
노트구나.

너무 힘들다
이 긴 터널 언제 빠져나갈 수 있을까?
내가 잘할 수 있을까?
답답하고 초조하다
과연 공무원이 정답일까?
아냐. 민영아. 넌 할 수 있어
포기하면 안돼
이번 시험에는 꼭! 무슨 일이
합격해야돼!

민영이가 이렇게 많이
힘들어했다니…

역시 여기 있었구나!

어? 네가 어떻게 여기에…

내가 보통 친구냐? 너 힘들 때마다 여기 오잖아.

민영아, 넌 언제나 밝고 빛이 났어.

내가 정말 그래?

그런 네 모습을 잃지 마. 네가 어떤 결정을 내리든, 무엇이 되든 난 항상 널 응원할 거야.

고마워.

그리고 미안했어. 내가 쓸데없는 소리를 하는 바람에…

뭐가? 아, 준 씨?

괜찮아. 급격히 친해지고 너무 믿은 점도 있었지 뭐.

자책하지 마. 네가 한 말 때문에 아픈 거 아냐.

야, 그리고 진짜 감동인데? 여기까지 날 찾아와주고…

이 정도쯤이야… 내가 보통 친구 아니라고 했잖아.

음, 그런데 넌 어느 나무가 마음에 들어?

글쎄…

나 저 나무! 저 나무는 내가 고등학생 때부터 좋아했어.

정말?

다녀왔습…

엄마가 미안해. 정말 미안하다. 그렇게 힘든 줄도 모르고…

엄마, 그동안 엄마 탓도 많이 했었어요. 제가 미래에 대한 별 생각 없이 공무원 시험에만 매달린 것은 엄마 탓이라고 책임을 미뤘어요. 전 그냥 회피한 거예요. 그런 제가 너무 부끄러워요.

그런 생각은 하지 마. 넌 언제나 똑 부러지는 멋진 딸이었어.

지금은 엄마가 제 성향을 정확히 파악하고 공무원을 추천해 주셨다는것을 알게 되었어요.

다른 사람을 돕는 것을 잘하고 행복해하는 저에게 가장 잘 맞는 것은 공무원인 것 같아요.

그렇게 말해 주니 정말 고맙구나.

# 연금저축펀드란?

전 세계가 빠르게 고령화되고 있지만 노후 대책은 턱없이 부족하여 노인 빈곤 문제가 심각하다. 국민연금연구원에 따르면 노후 적정 생활비는 개인은 월 165만 원, 부부는 월 268만 원 정도라고 한다. 이는 특별한 질병이 없는 경우를 계산한 것이기 때문에 실제로는 더 많이 필요할 것이다. 하지만 이 정도의 노후준비가 되어 있는 사람은 많지 않다. 국민연금의 평균 수령액은 55만1천 원으로 노후 적정 생활비의 ⅓ 수준이고 또 언제 줄어들지 모르는 만큼 국민연금만 믿고 있을 수는 없다. 개인연금 준비가 필수다.

개인연금의 가장 기본은 연금저축펀드다. '연금저축'은 노후 대비를 위한 개인연금 상품으로 국가에서 국민들이 자발적으로 개인연금을 준비할 수 있도록 파격적인 세제 혜택을 부과하고 있다.

## 1. 가입조건 및 납입 방법

특별한 가입조건은 없다. 나이나 수입에 상관없이 대한민국 국민이라면 누구나 가입할 수 있다. 납입금액도 정해진 것이 없이 자유롭게 하면 된다. 단 연간 최대 1,800만 원까지 가능하다. 매달 일정 금액을 넣어도 되고, 돈이 없을 때는 넣지 않다가 목돈이 생겼을 때 한 번에 넣어도 된다.

* 연금저축펀드는 누구나 가입할 수 있지만 일반 펀드는 20세 이상의 성년이어야 가입할 수 있다. 법적 미성년자인 20세 미만은 증권 계좌 개설이나 펀드 가입을 직접할 수 없다.
  만약 미성년자가 펀드에 가입하려면 법정 대리인인 부모님 중의 한 사람이 가족 관계를 확인할 수 있는 주민등록등본이나 호적등본과 주민등록증, 여권 등의 신분증, 거래할 도장을 지참하여 펀드 판매 회사를 방문해야 한다.

## 2. 세액공제 혜택

1년에 400만 원 최대 16.5%의 세액 공제를 받을 수 있다. 공제율은 소득에 따라 다른데 총급여가 5,500만 원 이하면 16.5%, 5,500만 원 초과면 13.2%를 공제해 준다. 그래서 세액공제 한도인 400만 원을 넣을 경우 각 66만 원, 52.8만 원을 연말정산 때 환급받을 수 있다.

## 3. 수령 방법

연금은 노후 준비를 위해 5년은 그대로 적립해야 한다. 그리고 55세가 지난 시점에 최소 10년의 수령 기간을 지정해서 수령할 수 있다. 사적연금을 통해 받는 연금액이 연 1,200만 원을 초과하면 종합소득세 납부 대상이기 때문에 연금자산이 많이 모였다면 수령 기간을 최대한 늘려서 연 1,200만 원 이하로 수령하는 것이 좋다.

## 4. 매수 가능 펀드

연금저축펀드에서는 직접 투자가 불가능하고 MMF, 채권형 펀드, 주식형 펀드, 혼합형 펀드, 해외ETF 등의 펀드를 매수할 수 있다. 저위험부터 초고위험 상품까지 스펙트럼이 넓기 때문에 본인의 투자 성향에 맞게 고를 수 있다.

## 5. 장단점

가장 큰 장점은 세액공제 혜택과 높은 수익률이다. 노후 준비에 효과적이다. 하지만 원금 손실 위험이 있다. 일시불이 아니라 55세 이후가 되면 연금처럼 수령하는 것이 바람직하다.

# 5장 또 다른 시작을 위하여

- 사랑하는 사람에게 펀드 선물을

날씨 좋네!

민영이도 율이도
지우도 열심히 살고
있는 것 같은데,
나만 정체되어
있는 것 같아.

사서님 말씀처럼 돈이 나를 위해 일하게 해야 하는데 나는 그렇게 하지도 못하고 있고…

점점 내 꿈과도 멀어지고 있는 거 같아. 에휴… 나도 잘 모르겠다.

일단 오늘 해야 할 일부터 열심히 하자!

점심 맛있게 먹었어요?

와, 인테리어 계약 성사됐어요.

지우의 세상
인테리어 전문

지우의 세상
인테리어 전문

지우의 세상

자, 이제 시작하세요.

제3시험장

올해는 왠지 느낌이 좋은데? 기대해도 좋을 거 같아.

시험 잘 봤어?

민영아, 이따가 저녁에 우리끼리 뭉치자.

민영아, 시험은 어땠니? 결과에 상관없이 엄마는 너를 사랑한다.

언제나 너를 응원한다.

오늘은 사서님을 만나러 가 볼까?

시험은 어땠니?

다른 때보다 잘 본 거 같아요.

다행이구나.

그동안 공부하느라 고생했고, 주가가 떨어져서 이래저래 마음 고생 많았다.

네…

펀드는 오르락내리락하는 주가에 크게 연연해할 필요가 없는데도 마음이 그렇지 않지?

네, 주식 시장이 요동칠 때는 너무 불안하더라고요.

그 마음 이해한다.

사서님도, 다른 사람들도 다 괜찮다고 하는데도 왜 그렇게 불안한지…

너만 불안했던 건 아닐 거야.

다행히 이제 펀드가 제 궤도에 올랐지만요. 그때를 생각하면…

언제든 그런 일은 또 생길 수 있어. 하지만 다음부터는 그렇게 불안해하지 말렴.

펀드의 좋은 점을 생각해라. 중요한 건 펀드 투자의 좋은 점은 확실하다는 거야.

펀드는 특정한 때에 투자하는 위험성, 한 가지 종목에만 몰아서 투자하는 위험성을 줄여 준단다.

네.

펀드는 안정성도 있고 투자성도 좋은 상품이라는 것을 잊지 말고.

네, 잊지 않을게요.

바다가 너무 멋져요.

오랜만에 밖으로 나오니까 너무 좋아요.

갑갑했던 마음이 뻥 뚫리는 것 같아요.

내가 여기 끼어도 되는 건지 모르겠구나.

그게 무슨 말씀이세요?

당연히 같이 오셔야죠.

우아, 바다다!

드디어 바다에 왔다!

앞으로 투자를 통해
진정한 부자가 되어 보자!

저도 끼어도 될까요?

어? 시간
안 되신다면서요?

서프라이즈죠!

제 마음을 담아
준비한 선물입니다.

목걸이일까?
혹시 반지?

사랑하는 사람에게
펀드 선물을!

실망한 것
같은데?

다시 한번 말해 주시면
안 돼요?

아, 뭐가 잘못됐어요?

아, 아뇨.
목소리가
좋아서요.

'사랑하는 사람'이란 말을
한 번 더 듣고 싶어서요.

그 말에서의 포인트는 '펀드' 아닐까?

혹시 너 펀드가 아니라 다른 말에 맘 뺏긴 거니?

하하하. 매일 1만 원, 2만 원 넣으면서 점점 더 자산이 늘어나는 것에 대한 매력을 느껴 보렴.

아참! 준 씨에게 물어볼 게 있어요.

당신도 여기에 돈을 투자하고 있는 것, 맞아요? 당신의 돈은 여기에 얼만큼 넣었어요?

휴, 이거 취조당하는 기분인데요. 하하.

좋은 펀드라면 자신의 돈도 넣는 게 당연하니까요.

펀드매니저의 돈도 그 펀드에 들어가 있다면, 고객인 제가 그 펀드를 훨씬 더 신뢰할 수 있잖아요.

네, 물론이죠!

하하하.

나중에 볼래. 지금은 이 순간에 집중하고 싶어.

아니다. 너무 궁금하니까 결과는 봐야겠지?

합격이에요!

축하해!

와! 합격이다! 합격! 축하해!

펀드 사랑님,

오늘은 누가 퀴즈를 낼 차례더라?

경제 독립

펀드 사랑

사서님, 얼른 오세요!

율아, 얼른 와! 합격 기념 사진 찍자~

# 주식과 펀드 무엇이 다른가?

## 주식

그 기업의 동업자가 되는 것이다.

어떤 특정 기업의 주식을 고른 뒤 자신이 거래하는 증권사를 통해 매입한다.

국내만 해도 2,000여 개 이상의 주식이 있다.

직접 투자 방식이다.

등락에 따른 위험 요소가 있다.

투자를 위한 시간이 많이 소요된다.

# 펀드

투자를 전문적으로 하는 기관이
불특정 다수의 사람들로부터
돈을 모아 투자한 다음,
그 수익을 펀드 가입자들에게
돌려주는 것이다.

투자에는 관심이 있지만
투자 훈련이 되어 있지 않은
사람들이 투자하기에 좋다.

여러 주식에 골고루
분산 투자할 수 있다.

간접 투자 방식이다.

직접 투자보다 안정적이다.

투자를 위한 시간이
없어도 할 수 있다.